THÉODORE ROOSEVELT

OUVRAGES DU MÊME AUTEUR

L'Esprit Nouveau dans la vie artistique sociale et religieuse. — *Sociétés d'éditions littéraires*, Paris, 1898.

A quoi tient l'Infériorité Française. *Troisième édition. Librairie Fischbacher.* Paris, 1900.

Le Problème de l'Avenir Latin. — *Librairie Fischbacher.* Paris, 1903.

Camille Lemonnier.— *Bibliothèque Internationale d'Édition. E. Sansot et Cie.* Paris, 1904.

John Constable d'après les souvenirs de C. R. Leslie, H. Floury, Paris, 1905.

COLLECTION D'ÉTUDES ÉTRANGÈRES

LÉON BAZALGETTE

Théodore Roosevelt

PARIS

BIBLIOTHÈQUE INTERNATIONALE D'ÉDITION

E. SANSOT et Cie

53, RUE SAINT-ANDRÉ-DES-ARTS, 53

1905

Théodore Roosevelt

> «... Ces hommes... dont les paroles puisaient leur sens et leur mystérieux pouvoir dans le fait qu'elles venaient d'hommes qui parlaient aussi par actions. »
>
> Th. Roosevelt, *American Ideals.*

Une surprise merveilleuse de la destinée.

Le coup de revolver de Czolgosz a eu pour effet capital de projeter soudain au premier rang sur la scène du monde la plus haute individualité politique d'aujourd'hui, de tous les hommes d'État contemporains assurément le plus conscient de sa mission et le plus capable de la réaliser. L'anarchiste apparaît ici comme un instrument, brandi à l'heure voulue, aux mains d'une force inconnue. Pour qu'un acte, en lui-même stupide, ainsi s'épanouisse en circonstance bienheureuse, cela ne donnerait-il pas à supposer un instant, fût-ce aux plus positifs, que la nature possède en ses tréfonds un pouvoir de mystérieuse alchimie lui permettant de faire jaillir le bien du mal? Quoi qu'il en soit, on peut hautement affirmer que jamais tireur ne fit mouche aussi triomphalement, sans le savoir, que l'assassin du président McKinley.

Théodore Roosevelt réalise ce phénomène si peu fréquent du citoyen le plus digne occupant la première place, et cela dans la nation d'avant-garde du monde occidental. De plus, il nous offre l'étonnant et réconfortant spectacle d'un politique, d'un chef d'État qui est en même temps — et avant tout — un *homme*, en qui la fonction n'oblitéra pas les qualités élémentaires de l'être humain. De quelque façon qu'on envisage sa politique, je ne pense pas qu'on puisse nier la parfaite dignité de l'homme.

Par ses origines, il sort du cœur même de la nation. Le meilleur sang de la race est èn lui, et il apparaît même comme un microcosme de la nation américaine, produit de nombreuses fusions. Son ancêtre paternel était le Hollandais Nicolas Claes van Roosevelt qui gagna l'Amérique en l'an 1649; sa mère descend en droite ligne de l'Écossais Archibald Stobo qui mit pied sur le nouveau continent en 1699. Or on sait que l'apport hollandais et l'apport écossais constituent, en dehors de l'élément anglais, les deux plus fortes assises de la nationalité américaine. A ces deux sources principales se réunirent, nous dit-on, quelques filets de sang huguenot et irlandais. C'est, on le voit, un pur et authentique Américain. Ses ascendants, remarquables par leur activité et leur intelligence, ont occupé dans la cité américaine, au Nord et au Sud, des places éminentes. Ils ont combattu, fondé, commercé, administré. Lui-même est un enfant de New-York, où ses ancêtres paternels étaient établis depuis plusieurs générations, — (ses ancêtres maternels habitaient la Géorgie). Par toutes ses fibres, il s'enracine au sol des États et le Vieux Monde n'a aucun moyen de le réclamer.

Sur cette base large et solide il s'est élevé par son propre effort. Après un apprentissage de vie parlementaire où il a pris contact avec les réalités de la lutte politique et orienté ses jeunes énergies de réformiste, à vingt-six ans il est parti dans l'Extrême-Ouest, pour y compléter ses « humanités », comme éleveur. Ce furent là les années les plus importantes de sa vie. L'existence terriblement rude des plaines, où l'on risque sa vie presque à chaque heure du jour et en riant, forme une éducation plus que spartiate pour un jeune homme résolu à y déployer hardiment toutes ses activités.

Car il ne faut pas s'imaginer que Roosevelt ait mené la vie en dilettante dans les solitudes du Dakota septentrional. Il ne s'agissait pas pour lui d'un travail de simple surveillance et administration comme pour un patron de nos pays. Il a vécu avec ses hommes en camarade, sur un pied de parfaite égalité, ne s'estimant pas d'une autre chair qu'eux, mais les aidant, les aimant, et les admirant. Il a travaillé autant que le dernier de ses cowboys, partageant toutes leurs tâches les plus rebutantes. Il a peiné de ses mains rudement comme les autres. Il a construit son habitation de poutres équarries aux bords du petit Missouri, abattu le bois de chauffage, recueilli le charbon de la mine voisine pour les besoins journaliers, monté les gardes de nuit autour des troupeaux, dressé les chevaux sauvages, manié le lasso et la carabine, dormi sur la terre par les nuits glacées, cherché sa nourriture à force d'adresse et d'endurance, fait rôtir son repas devant le feu du camp perdu dans les immensités. « On est sans pitié, a-t-il dit, pour les flâneurs et les fainéants, quels qu'ils soient, dans cette réelle et saine démocratie » de l'Ouest, « *où l'homme ne compte que pour ce qu'il est réellement* », où le rang social, la fortune, les supériorités fictives ne représentent plus rien, s'effacent comme une poussière au vent, font place à la libre concurrence entre les individus pourvus de leurs pures et simples capacités, où l'homme en un mot est jugé selon ses œuvres, au pied de la lettre, où il n'y a plus moyen de tricher ni de dissimuler, où il n'y a qu'à faire de son mieux.

Là il a éprouvé, à la poursuite des fauves, « la joie sauvage de vivre ». Il a communié avec les solitudes, avec les êtres qui y vivent épars, trappeurs, chasseurs, Indiens, cowboys, gens des prairies, auprès desquels il s'est assis le soir, la besogne faite, pour apprendre d'eux ce que les livres n'enseignent pas. Il s'est voulu, il est devenu un des leurs. Il a absorbé dans sa libre vie aventureuse des plaines des milliers de spectacles, d'incidents, d'aventures, de joies et de souffances. Les vents, les périls, l'effort presque constant, la lutte l'ont formé, l'ont grandi — muscles, poumons, cerveau, volonté, sang-froid, endurance. Il s'est endurci, virilisé, tanné au contact des solitudes et des animaux, des rudes compagnons de la frontière. Quand il est sorti de la nature vierge et qu'il est retourné parmi les hommes des villes pour transposer dans la vie sociale et politique les rudes énergies écloses de la prairie, c'était un homme nouveau qui réapparaissait, ayant reçu le baptême de la nature, indispensable aux forts et qui rend invincible. Quand on y songe, on découvre dans cette phase capitale de la vie du futur président un élément vraiment fort de poésie et de sagesse; on reconnaît aussi que l'exemple qu'il a donné là au monde, avec autorité, avec éclat, du retour à la nature, s'avère d'une portée saisissante.

Il avait réalisé là un désir qui depuis l'enfance avait vibré en lui. L'image d'un homme à cheval et portant un fusil l'avait toujours fasciné. L'existence aventureuse des héros de Fenimore Cooper, — dont il est demeuré l'admirateur — lui avait été longtemps une hantise. Il avait voulu tenter l'épreuve et incarner son rêve. Il faut noter que ce séjour prolongé au Dakota de l'Américain de l'Est qu'il était par sa naissance le complétait au point de vue national, achevait de le rendre représentatif de l'ensemble de l'Union.

Théodore Roosevelt est aujourd'hui dans sa plénitude. C'est un homme de quarante-six ans, — l'âge de fécondité pour les plus forts, ceux qui ont sagement conduit leur existence — formé à la rude école de la vie, aux contacts fortifiants, rompu aux besognes du plein air comme aux travaux du cabinet, accoutumé aux assemblées législatives et aux assemblées populaires, familier de la solitude et des foules, époux et père, homme de foyer, l'un des arbitres du monde, avec un splendide avenir devant lui.

C'est un gaillard volontaire, opiniâtre, têtu que Teddy Roosevelt, peu aisé à manier et à retourner. Pour s'en convaincre, il suffit de considérer l'aspect rude et résolu de sa physionomie, ses épaules trapues, surtout la mâchoire, partie caractéristique du visage, — la mâchoire ample et vigoureuse qui serre, qui mord, faite pour happer et retenir — les yeux clairs, aigus qui scrutent bien en face à travers le binocle, au-dessous du massif front serein. L'expression générale est d'un être de force redoutable, taillé pour la lutte, avec quelque chose de résolu, d'impitoyable, d'âpre, de noble et de fier et en qui domine le *caractère*. Derrière le masque bourru on peut pressentir une véritable franchise, un cœur chaud et loyal, une absence totale de bassesse et de couardise, une sincérité. En politique, bien que pénétré de la nécessité d'une discipline pour aboutir à des résultats pratiques, c'est avant tout un indépendant qui agit avec ou contre son parti. Il préfère obéir à ses impulsions plutôt que de subir l'engrenage de la « machine ». Aussi s'est-il fait mal voir jadis des chefs du parti républicain, qui crurent le mettre au rancart en le poussant à la vice-présidence, et qui, à en juger d'après leurs sentiments avoués, seraient parvenus à barrer le chemin de la présidence à un homme trop peu docile, trop sûr de lui-même, si l'attentat providentiel de Czolgosz n'était venu contrarier leur plan.

Le goût du pénible et de l'aventureux est enraciné en lui. C'est le même instinct qui le poussait au pourchas des fauves dans l'Ouest, qui, dans la cité, l'incita plus tard à se mesurer avec toutes les forces mauvaises de la politique américaine, à traquer sans merci et à outrance tout ce qui est malsain et mensonger, à poursuivre sa tâche périlleuse de purificateur, à tenter de « réaliser » à travers le monde l'énorme force interne de l'Union. Ce qui ne demande pas un dur et acharné labeur, ce qui ne permet pas à un être de donner la mesure de son endurance et de son énergie, le laisse froid. Les lourdes tâches l'attirent par une sorte de magnétisme : il y vit pleinement. Pour tout ce qui est médiocre il n'a que du mépris. Ceci ne caractérise point une individualité banale.

C'est une nature large et riche, abondante en ressources. Il a vécu des existences très diverses. Il a été soldat, éleveur, écrivain, politique, chasseur, homme de gouvernement. Il aurait pu tout aussi bien être négociant, professeur, ouvrier, poète, navigateur, naturaliste ou athlète. Car il y a surtout de l'étoffe en lui. Un caractère ample, un tempérament vaste et puissant, avec des aptitudes cycliques. Ce n'est pas un homme de métier, emprisonné en sa spécialité. Il est prêt à la besogne du moment. Et il ne s'y livre pas en amateur. Il « donne » avec tout son cœur, les muscles bandés.

Il nous apparaît au total comme un bel échantillon d'homme moderne, adorateur du présent, dont les yeux ne sont pas tournés en dedans, en arrière ou vers les cieux et en qui agit puissamment l'esprit des démocraties — réelles, non fictives. C'est un chef-né, resté simple malgré sa fière allure, près de lui-même et de l'humanité, dont l'audace naturelle est contrebalancée, contrôlée par une sagesse foncière et un vigoureux bon sens.

Je n'ai pas à juger ici le politique ni le président de l'Union au choix de laquelle il vient de s'imposer par la force de sa personnalité et qui ne pouvait trouver un représentant plus apte à la représenter sous ses multiples aspects ; je laisse à d'autres le soin de l'apprécier à ce point de vue, — qui ne doivent pas oublier toutefois que pour juger les contrées nouvelles et les hommes sortis d'elles il faut avoir recours à des critériums nouveaux. Je constate seulement que le président Roosevelt, au point de vue de l'existence nationale et internationale des États-Unis, s'affirme, comme l'écrivait un publiciste américain au moment où il prit la présidence, « l'homme d'une ère nouvelle ». Et après ce regard jeté en passant sur l'homme même, hâtons-nous maintenant vers notre but qui est d'envisager Théodore Roosevelt d'après ses livres, en oubliant le président. Sous ce jour nous comprendrons encore mieux l'homme.

∴

Roosevelt n'est pas un écrivain dans le sens que nous prêtons à ce mot. D'un simple coup d'œil sur l'une quelconque de ses pages, chacun peut s'en convaincre. Il écrit avec la candeur d'un enfant, sans recherche, sans souci verbal, sans préoccupation de forme ni de couleur. C'est un primesautier. L'art d'écrire lui demeure indifférent. Celui qui ouvrirait l'un de ses quinze ou vingt volumes avec l'unique pensée d'y savourer un écrivain de race le fermerait, non sans étonnement ni colère, au bout de cinq minutes.

Il faut envisager sa « littérature » à un tout autre point de vue, notamment comme exemple des effets auxquels la vigueur de sensation et de pensée, le tempérament, peuvent aboutir chez un homme qui n'est pas essentiellement un écrivain.

Roosevelt est un homme d'action. Il fut créé, organisé, pourvu, il s'est développé vers ce but. C'est là sa raison d'être sur cette terre. Vivre d'abord. La littérature n'est pas la maîtresse affaire, rien qu'une fonction accessoire. Elle reste subordonnée à l'ensemble de ses activités. Le verbe écrit n'est qu'un prolongement ou un accompagnement de son geste vital. Sa besogne essentielle est de créer, non de la beauté littéraire sur le papier, mais de la beauté, de la grandeur, de la prospérité humaines sur le sol même, dans la réalité.

On voit par là combien il serait puéril de juger un tel homme comme littérateur. Nous devons renoncer en face de lui aux critériums d'après lesquels on détermine la valeur d'une œuvre littéraire.

Ses livres ont une valeur d'humanité et non d'art.

Nous y poursuivons de page en page le reflet d'une nature d'homme qui n'en est jamais absente, qui s'y révèle par des suggestions, des aveux, des jugements, des notations. C'est seulement lorsque nous sommes bien décidés à les envisager franchement comme des productions extra-littéraires, que leurs attraits particuliers se découvrent à nous.

L'œuvre entier est significatif de nature, de verdeur et de force. Il émane d'un réaliste d'instinct qui présente des faits tout crus et tout simples ou des idées nettes et fécondes avec les seuls artifices de la persuasion et de la sincérité. On y goûte une saveur dure, on y flaire un parfum de virilité, fort désagréables sans doute aux palais et aux odorats particulièrement délicats. Sous des dehors frustes et peu engageants, on y éprouve une chaleur, une force tantôt contenue tantôt grondante, je ne sais quoi de primitif, de simple et de puissant. Je dirais même, ce qui semblera paradoxal chez ce rude et cet inélégant, qu'un charme latent y est répandu auquel seront sensibles tous ceux qui ont conservé le goût des choses élémentaires. Ne nous suggérerait-il pas lui-même l'origine du sentiment que nous éprouvons en face de certaines de ses pages lorsqu'il nous parle quelque part de ces « hommes... *dont les paroles puisaient leur sens et leur mystérieux pouvoir dans le fait qu'elles venaient d'hommes qui parlaient aussi par actions* »?

Trois parties se discernent assez nettement dans l'œuvre de Roosevelt. Il y a les livres d'histoire. Puis les discours et les essais qui ne sont que le complément de son activité politique et sociale. Enfin les récits de ses chasses et de son existence d'éleveur dans l'Ouest. Les livres de plein air ont précédé les mélanges de philosophie sociale — comme l'imposait d'ailleurs la logique d'une existence normale — et si, dans notre examen d'ailleurs poursuivi sans rigueur et au fil des impressions, un autre rang leur paraît assigné c'est que j'ai désiré, pour la vive lumière qu'elles projettent sur l'homme même, leur attribuer une place particulière dans cette étude.

Tour à tour nous assisterons à l'effort d'un esprit sérieux et clairvoyant qui repasse ou interroge les annales de sa race pour y relever les traces du labeur des siens, nous nous pénétrerons de la vitalité ardente de ses plaidoyers pour une meilleure Amérique et nous le sentirons vivre aussi, mêlé à la nature, au paysage, aux animaux, aux frustes habitants des plaines, partout le même homme simple, rude, véhément. Nous savons désormais dans quel sentiment nous devons consulter ses livres, en écartant de nous toute velléité malencontreuse d'y découvrir un auteur.

∴

Dans ses livres d'histoire, Roosevelt se rattacherait certainement plus à Macaulay qu'à Carlyle. L'exactitude, l'impartialité, la sérénité sont ses qualités prédominantes. Cependant le tempérament de l'homme y éclate par endroits en jugements pittoresques, parfois même en superbe virulence. En tous cas il n'a jamais la froideur insupportable, l'aspect neutre de l'historien d'académie.

Son livre de début fut une œuvre historique, *La Guerre Navale de 1812*, où il raconte la grande lutte glorieuse soutenue par la jeune Union contre l'Angleterre, au sujet du droit de visite sur les vaisseaux américains que s'arrogeait cette dernière, — la lutte où fut pour toujours liquidée la querelle entre la métropole et les anciennes colonies devenues indépendantes. Sur terre les Américains avaient été plutôt malheureux, malgré la victoire finale du général Jackson à la Nouvelle-Orléans ; l'héroïsme des marins sauva la situation fort compromise, les troupes anglaises ayant pénétré jusqu'au cœur du pays, incendié le Capitole et la maison présidentielle à Washington. L'ouvrage qui fut publié par Roosevelt à l'âge de vingt-quatre ans, deux ans après sa sortie d'Harvard, est considéré comme le livre princeps sur ce point d'histoire nationale. Vinrent ensuite sa biographie de Thomas Hart Benton, un des conquérants de l'Ouest et celle du Gouverneur Morris, une figure représentative du vieux New-York au temps de la Révolution. La monographie de *New-York* n'est qu'un rapide et vivant récit où Roosevelt s'est plu à condenser l'histoire du développement de sa ville natale, aux humbles débuts si proches encore de nous, — aujourd'hui formidable, — de la cité fondée au sud de l'île Manhattan achetée aux Indiens pour 125 francs, qui, au début du XVIIe siècle, se composait d'un groupe de cabanes élevées par des Hollandais faisant le commerce des fourrures, qui comptait un siècle plus tard six mille habitants, en 1820 cent vingt-cinq mille, pour aboutir au chiffre actuel d'environ trois millions et demi. Le cadre imposé à l'auteur lui interdisait tout développement et tout travail original. Ce n'est là qu'une œuvre élémentaire de lecture facile.

Quelque dix ans plus tard il fut attiré, après Carlyle, par la figure hautaine et rude d'Olivier Cromwell. On imagine bien que sa sympathie pour l'adversaire des « ignobles » Stuarts est profonde. Il l'explique, et son approbation quant à l'ensemble ne va sans quelques graves réserves de détail. « Les fautes qu'il a commises, dit-il au dernier chapitre en résumant son impression, sont les fautes de l'époque plutôt qu'elles ne sont particulières à lui-même, tandis que sa sincérité et sa loyauté lui appartiennent en propre. » Cromwell a gâté son œuvre par l'excès de sa réaction, néanmoins il a été l'un des plus puissants artisans de la grandeur de l'Angleterre et de sa race. Il s'est parfois lourdement trompé, mais fondamentalement il avait raison mille fois. Ce n'est que plus tard, en notre âge, qu'on a pu mesurer la réelle grandeur de l'homme. Et Roosevelt, mettant en relief la leçon ultime des faits, conclut par cette phrase de lointaine portée, éternelle leçon que devraient entendre certains peuples qui nous touchent de très près : « Souhaitons très ardemment que tout en évitant le fanatisme et l'intolérance des Puritains, le manque de charité et l'étroitesse des Puritains, nous ne perdions pas l'élévation d'âme et la rigide énergie des Puritains en luttant pour le juste, héritages tels qu'aucune nation n'en pourrait avoir de plus précieux. » Cette appréciation du Protecteur émanée d'un politique et d'un connaisseur d'hommes d'une telle envergure me paraît contenir le jugement impartial et définitif de l'avenir.

L'œuvre de beaucoup la plus importante de Roosevelt dans le domaine de l'histoire est le durable et imposant monument qu'il a élevé à la gloire des pionniers de sa race. *La Conquête de l'Ouest* est une véritable œuvre d'historien, large, solide et neuve, écrite entièrement d'après les documents originaux, la plupart manuscrits.

La pensée de réunir les éléments de la grande épopée de sa race est née de son séjour dans l'Ouest. « Les hommes qui ont participé à la vie de frontière d'aujourd'hui rapide à s'évanouir, écrit-il dans sa préface, ressentent une particulière sympathie pour la vie de frontière d'autrefois, depuis longtemps disparue. » Il a compris et aimé les anciens hommes de l'Ouest parce qu'il a aimé et compris ses compagnons du Dakota. Son imagination s'est naturellement complu à évoquer l'avant-garde héroïque des solitaires éclaireurs qui ont conduit les Américains de l'Est à la découverte et à la conquête de leur propre continent. Comme on l'a écrit de Francis Parkman, le grand historien de l'Amérique coloniale et des Indiens à qui *La Conquête de l'Ouest* est dédié : « Il n'a pas eu a choisir son sujet, c'est son sujet qui l'a choisi. »

Une poésie latente sillonne, en sous-courants, ce

récit épique, affleurant parfois à la surface. Le sujet est tellement grand, l'atmosphère tellement large ! Et Roosevelt avec son tempérament et sa simplicité est justement l'homme le plus apte à traiter, sans phrases inutiles et sans redondance, un thème aussi formidable. Avant ou après lui d'autres ont pu ou pourront venir pour brosser, dans un sentiment de peintre, cette fresque énorme, ou pour dérouler, en lyriques, les strophes nombreuses de ce poème vécu. Lui demeure quand même l'historien d'une période et d'un mouvement où se condense la grande épopée des temps modernes : l'appropriation d'un continent par une race nouvelle.

Cette marche vers l'Ouest, il la considère comme une phase — la dernière et la plus surprenante — de l'expansion de la race anglo-saxonne pendant les trois derniers siècles. Au delà des Alleghanies, puis plus tard au delà du Mississipi, des hommes se sont avancés sans trêve, depuis les années précédant la déclaration d'Indépendance, d'abord isolément puis par groupes, porteurs de la carabine et de la hache, ces « deux armes nationales de l'Américain de la frontière », se mesurant avec la nature et avec le rouge possesseur du sol, comprimant toujours un peu plus l'habitat de l'Indien et du buffle. Ils appartenaient à la race des chasseurs, race dure, sauvage, ivre d'indépendance et de hardiesse, la plus américaine qui fût jamais, « devenue produit naturel du sol comme l'étaient les durs et souples noyers dont ils façonnaient le manche de leurs longues et légères haches », sentinelles avancées de la nation agissant uniquement pour leur compte, mus par un mystérieux instinct et par leur insatiable désir d'aller toujours plus avant vers les rives du Pacifique. A ces primitifs éclaireurs vint se joindre le bataillon des prospecteurs, des arpenteurs, des aventuriers. Des îlots se formèrent dans les solitudes. Alors déborda en rangs toujours plus pressés l'armée bientôt innombrable des colons défricheurs, des agriculteurs combattants, avec la carabine tout près de la charrue, armée jamais lasse d'engloutir les espaces, de s'assimiler des portions de continent, de « sculpter la forêt et la prairie en États. » Ce fut l'assaut impétueux, la poussée, la ruée irrésistible d'un peuple jeune et entreprenant vers l'Ouest, vers les immensités conquises au prix du sang et de labeurs incroyables. Quelle Iliade atteindrait aux proportions de cette épopée réalisée, si peu éloignée de nous ? Le continent sauvage d'abord sillonné par l'entreprise individuelle d'une poignée de coureurs des bois, défriché et peuplé ensuite par l'effort anonyme de tout un peuple, s'épanouissant enfin en une demi-centaine presque d'États fédérés. Il y a là un phénomène cosmique qui confond l'esprit humain par sa grandeur et sa signification.

C'est aux premières phases de cette conquête — aventures des premiers chasseurs à travers l'inconnu, luttes acharnées contre les Indiens, vie des premiers groupes de colons et des petits États-noyaux — que l'historien s'est arrêté. Et c'est bien là la phase caractéristique, pittoresque de l'épopée nord-américaine. Pour décrire la marche des Boone, des Sevier, des Robertson et des Clark dans les solitudes, des premiers pionniers émerveillés de l'aspect imposant des forêts primitives, des splendeurs naturelles, de la beauté et de la fertilité du pays, Roosevelt a trouvé de simples accents qui atteignent bien souvent la grandeur. Le monument qu'il a élevé, œuvre de piété et d'amour, est digne par ses lignes sobres et imposantes des hauts faits qu'il magnifie.

Il convient de faire ici une place à part au volume de souvenirs où Roosevelt raconte la courte campagne et les prouesses du régiment des *Rough Riders*, commandé par lui pendant la guerre contre l'Espagne. Car c'est aussi de l'histoire, et de l'histoire vécue et créée par lui.

Ce livre a une saveur toute particulière qui provient

2.

de ce que l'auteur s'y montre particulièrement sous un jour d'humanité illuminant sa véritable nature. Je laisse de côté les incidents militaires et le récit même de la campagne pour remarquer avec quel intérêt et quelle rude affection le colonel volontaire nous renseigne sur chacun des hommes de son régiment dont certains étaient d'anciens camarades des plaines et des forêts de l'Ouest, qui comprenait en outre des nègres, des gradués d'Université, des Indiens, des anciens pasteurs, des aventuriers — une troupe en somme fort représentative et bien américaine. Il les connaît tous par leur nom. Derrière le soldat il voit surtout l'homme et apprécie son individualité. Il ne s'estime pas d'une essence supérieure, en raison de son commandement. Tout en restant leur chef et en maintenant une absolue discipline, il demeure parmi eux comme un camarade proche, partageant les privations, les dangers et les peines sans cesser de veiller à leur bien-être. « Eux et moi, dit-il, nous nous comprenions parfaitement et nous avions confiance les uns dans les autres absolument. » Bon exemple à proposer aux chefs militaires, pauvres psychologues qui, le plus souvent, ne daignent pas s'apercevoir que chacun de leurs hommes est plus qu'un numéro matricule et qu'ils n'obtiendront d'eux l'effort nécessaire qu'en proportion du respect témoigné par le commandement envers l'individualité du troupier. C'est l'appréciation des vertus particulières et du tempérament de chacun des hommes enrôlés dans ce régiment composite qui donne au livre son caractère vivant et attrayant. Nous y retrouvons ce même sentiment de virile solidarité humaine, cette haute émotion d'humanité, ce réel et naturel esprit démocratique manifestés par Roosevelt dans tout le cours de son existence des plaines.

*
* *

Nulle part ailleurs Roosevelt n'a fait un aussi visible effort pour être entendu que dans ses écrits sociaux et politiques. Dans ses volumes d'histoire, il expose et juge, dans ses récits rapportés de l'Extrême-Ouest, il raconte : ici il se donne tout entier avec fougue. Ce sont de véritables prêches sociaux où il exhorte et développe sa doctrine avec les accents du réformateur, de l'apôtre.

Cette doctrine est éparse dans les trois volumes où il a réuni ses essays et ses discours sous les titres suivants : *Administration. Service civil. — Les Idéals Américains. — La Vie Énergique.* Par la chaleur et l'accent, par ce qu'il y a en eux de brutalement franc et de hardi, de pressant et d'impétueux, je crois que de ces trois volumes ce sont ses discours qui le mieux donnent la mesure de son tempérament et de sa mentalité.

Roosevelt a quelques idées très simples et très fortes, fondamentales, qu'il ne se lasse pas de pousser en avant. Elles parsèment et illustrent ses prédications comme les leitmotivs d'un drame lyrique. On reconnaît là l'homme d'action qui avant tout s'efforce d'aboutir, de réaliser son idéal, de communiquer sa foi, de faire œuvre pratique, d'engrosser les consciences. Le plus sûr moyen d'atteindre ce but lui semble être d'exalter sans trêve les vertus essentielles, adaptées à son pays, à sa race et à son âge, dont la pratique est la condition même de l'avenir qu'il entrevoit. Ainsi parmi ses thèmes favoris voici quelques-uns des plus caractéristiques : l'impérieuse nécessité de pratiquer une vie de lutte, de hardiesse, d'entreprise et d'effort, la supériorité du caractère sur la culture, la conscience de la beauté du présent et la ferme croyance en la future grandeur de l'humanité, le besoin d'une foncière honnêteté et droiture, la nécessité pour l'Américain d'être intensément autochtone, de ne pas se montrer lâche et servile en s'inspirant des modèles européens, le devoir pour l'Amérique de conquérir sa place parmi les nations, de déverser sur le monde les énergies qui sont en elles, la fidélité à un haut idéal de vie, l'instinct de combattivité pour toute cause noble. J'en offrirai un bon échantillon, surpassant tout commentaire, en citant un fragment emprunté à cet étonnant chapitre de philosophie sociale qui s'intitule : « La camaraderie comme facteur politique », et qui est digne d'Emerson :

« Peut-être me pardonnera-t-on de citer ma propre expérience comme exemple sur ce point. En dehors des collégiens et des politiciens, mes premiers associés intimes furent des éleveurs, des toucheurs de bœufs, des chasseurs de gros gibier, et je devins rapidement convaincu qu'il n'y avait pas d'autres hommes dans le pays qui fussent leurs égaux. Puis je fus beaucoup en relation avec des agriculteurs, et je me persuadai que c'était sur l'agriculteur que reposaient réellement les fondements de la République, — que l'agriculteur était l'archétype du bon Américain. Puis je vis pas mal de gens des chemins de fer, et après une tout à fait intime fréquentation avec eux je commençai à sentir que, surtout dans leurs rangs les plus élevés, ils présentaient le type des qualités mêmes de courage, de confiance en soi, d'empire sur soi, de hardiesse, de capacité pour le travail, de pouvoir d'initiative et de pouvoir d'obéissance que nous aimons le plus à associer avec le nom américain. Puis il m'est arrivé d'avoir affaire avec certaines unions de charpentiers, et j'arrivai à avoir un grand respect pour le charpentier, pour le type artisan. Alors l'idée se mit à poindre en moi qu'ils étaient tous d'aimables bons garçons et que ma prétention à la supériorité de chaque lot successivement sur tous les autres lots, était née largement de ce fait que j'étais très familier avec le lot à la supériorité duquel je prétendais, et moins familier avec les autres. En d'autres termes j'étais entré en sympathie, en compréhension avec eux tous, groupe après groupe, avec ce résultat que je trouvais invariablement qu'eux et moi nous avions de communs desseins et un commun point de vue. Nous différions entre nous ou nous nous entendions entre nous non parce que nous avions des occupations différentes ou la même occupation, mais à cause de nos façons de concevoir la vie. »

C'est une parole rude que la sienne, vibrante de sincérité, sans ménagement pour quiconque. Parfois il darde ses phrases comme un cowboy son lasso et elles vont se nouer autour de l'adversaire pour le saisir et le jeter à terre. Avec cet esprit sévère et droit, il n'y a pas à barguigner ni à ratiociner, mais simplement à marcher droit. Les excuses et les faux-fuyants sont inutiles. Le ton est résolu, affirmatif, voire même brutal. Il est impitoyable aux hypocrites et aux coquins qu'il désigne toujours par leurs noms. Rare, chez un homme de sa situation, est l'audace, la véhémence, la tranquille méconnaissance des préjugés avec lesquels il étale et dénonce la corruption du monde politique autour de lui. C'est l'homme qui s'exprime ici, insoucieux de sa fonction et des réticences qu'elle impose aux médiocres formalistes. Il déteste cordialement les sécessionnistes qui dédaignent de mettre la main à la pâte. Vivre pour lui n'ayant de saveur que comme synonyme de s'efforcer, d'agir avec toute sa vigueur, l'existence sans hardiesse, sans lutte et sans expansion demeurant pour lui vide de sens, ceux qui restent à l'écart, il les considère comme des couards, par conséquent ses ennemis intimes. Ses invectives aux mauvais riches, oisifs, prétentieux et crétins, ses violences à l'adresse des « négriers », demeurent sans exemple. Il les juge et les situe d'un mot qui restera : « *la plus dangereuse des classes criminelles, la classe criminelle riche.* » Jamais anarchiste ne dénonça avec plus de violence la tribu des « criminels opulents ». Pour jamais l'homme de luxe, le mondain idiot, le potentat stupide et odieux de la Cinquième Avenue et de Newport — qui trop souvent à nos yeux personnifie l'Amérique, ô honte ! — « objet de risée et menace pour la nation », demeure à travers ses pages ardentes marqué aux reins des signes de la flagellation. C'est également avec une haine solide au cœur et l'invective aux lèvres qu'il vilipende les « épiciers », les purs « chasseurs de dollars », les gens vulgaires, sans idéal, au cœur de « babouins ». Pour ceux-là l'horreur de cet homme de nature essentiellement noble est profonde, pour les âmes plates, les âmes « de boutiquiers » « qui ne comprennent pas qu'un poète peut faire beaucoup plus pour un pays que le propriétaire d'une usine de clous ; qui ne se rendent pas compte que la prospérité commerciale, si grande soit-elle, ne peut suppléer aux vertus héroïques », pour les êtres bas incapables de ressentir « les hautes pensées et les sublimes émotions qui seules font la grandeur d'une nation. »

Son verbe tenace, brave, clairvoyant, son fougueux apostolat d'honnêteté et de hardiesse sont imprégnés d'une force de contagion. On s'éprouve en présence d'un réformateur, au sens le plus ample du mot. De ces trois recueils on pourrait facilement extraire un bréviaire de maximes sociales d'une valeur immense, qui représenterait une condensation de vérité, de santé et d'énergie. Combien beau et fortifiant, — lorsqu'on est entouré de petits hommes et de mesquins caractères — le spectacle d'un individu de cette taille et de cette envergure, d'un tel tempérament ! Combien il en rejaillit de sereine confiance en l'humanité, en une humanité meilleure ! Écoutons-le d'une oreille plus particulièrement attentive lorsqu'il secoue nos délicatesses, nous répétant la saine, la grande leçon que nul raffinement ne supplée aux rudes vertus originelles de l'être humain...

Mais ce qui est tout à fait frappant, ce qui doit nous attirer plus spécialement ici, c'est l'expression de Théodore Roosevelt lorsqu'il cesse de disserter pour exhorter ou pour affirmer. Alors il trouve tout à coup d'admirables accents de noblesse et de sincérité, il parvient à une grandeur et une ampleur dont on aurait pu le croire incapable. Soudain il donne sa mesure.

Son éloquence est abrupte, sévère, pénétrante et

vive. La véhémence et la chaleur y remplacent la rhétorique oubliée; elle sort des profondeurs de l'homme même. Elle viole hardiment sans s'attarder à caresser. La foi passionnée, agissante, agressive, qui en est l'âme, donnent à certaines de ses pages un caractère inoubliable, les gravent en traits de feu dans la mémoire, alors même qu'il profère des vérités très ordinaires : privilège des natures d'élite. Jamais plus ardemment ne furent célébrées les délices de la lutte, l'ardeur de vivre, la joie et l'expansion de la victoire. Par instants son verbe a quelque chose de foudroyant, de soudain et de direct qui fait passer devant les yeux comme une lueur de Sinaï. A d'autres moments sa rude éloquence éclate en lyrisme : c'est comme si un chant de la vie héroïque s'élevait, par strophes solennelles, dignes d'un poète primitif. Qu'il me suffise pour donner une pauvre idée de cette sorte d'ivresse qui parfois transporte ce positif et ce sérieux, électrisant certains de ses paragraphes, de citer ces quelques lignes où vibre si intensément le sentiment de ce qu'on nomme — d'un mot assez malheureux et trompeur — l'impérialisme américain :

« C'est parce que nous croyons de tout notre cœur et de toute notre âme à la grandeur de ce pays, parce que nous sentons le tressaillement d'une vie hardie dans nos veines, et que nous avons confiance qu'à nous est réservé le privilège de jouer un rôle prépondérant dans le siècle qui vient précisément de s'ouvrir, que nous saluons avec un avide délice l'occasion de faire n'importe quelle tâche que la Providence puisse nous assigner. »

C'est dans ces minutes-là qu'on croirait entendre un Knox ou un Luther, accomplissant pour la réforme sociale et politique, pour le triomphe de certaines idées modernes, ce que ceux-ci ont naguère réalisé pour la réforme religieuse. Car, je le répète, il a l'accent même du réformateur et de l'apôtre, et cela parce qu'il en a l'indéracinable conviction.

Tel est le magnétisme de son verbe, sa force de persuasion qu'il nous contraint à le comprendre et à l'aimer, alors même que nos instincts — je parle de certains d'entre nous dont je suis — refusent parfois de s'accorder aux siens, se hérissent et protestent. Par exemple lorsque l'outrance qui est dans sa nature lui fait côtoyer le *spread-eaglism* (1), en exagérant formidablement la vibration de la fibre patriotique et guerrière, je ne le suis pas et je me reporte à son noble espoir « que la justice devrait régner, non seulement d'homme à homme, mais aussi de nation à nation » espoir dont, plus qu'aucun autre, soit dit en passant, il contribue à préparer la réalisation future. Nous comprenons aussi que les individus robustes, qui ont quelques idées très fortes, ancrées à fond, indestructibles, doivent forcément apparaître parfois intolérants, incompréhensifs et brutaux. On ne saurait être à la fois rigide et souple. Les socialistes combattent passionnément ce « bourgeois féroce » qui inscrit en tête de sa doctrine le principe fondamental de l'identité de la force et du droit, et qui s'avoue l'ennemi égal des criminels riches et des « mauvais bergers », des démagogues et des « philanthropes larmoyants », des faux apôtres et de tous ceux dont le cerveau est troublé par « des rêves dignes seulement de révolutionnaires européens. » Je comprends très bien qu'ils le considèrent comme un adversaire mais j'espère pour eux qu'en leur for intérieur ils lui rendent la justice qui lui est due ; reconnaissant entre autres choses que ce réaliste impitoyable doit à son tempérament de repousser tout ce dont la réalisation n'est pas absolument certaine et proche, et que la besogne qu'il accomplit de ses mains, jour par jour, est assez belle pour qu'on ne lui cherche pas chicane et qu'on lui fasse crédit...

Et ces quelques idées très simples et très fortes, il

(1) Attitude d'aigle éployé ; synonyme de chauvinisme.

les enfonce dans les crânes de son poing fermé, avec le geste du forgeron. Roosevelt n'est pas un orateur habile ni même éloquent au sens vulgaire du mot, pas plus qu'il ne s'avère littérateur dans les autres parties de son œuvre. Il n'a qu'une ambition limitée mais dévorante, celle d'émouvoir et de convaincre. Il a trop à dire pour ne pas laisser loin de lui les artifices de la parole. Il n'a besoin que de sa foi et de sa force. C'est un ouvrier qui dépense le meilleur de son énergie à river ses boulons. Il martèle les entendements. Il brise à coups redoublés, du maillet de sa parole, les dures écorces humaines pour faire pénétrer les germes dans les cerveaux et dans les consciences. C'est un semeur.

.·.

Je ne dissimulerai pas mon faible pour la partie de l'œuvre de Roosevelt en laquelle nous entrons. On y découvre, selon moi, plus nettement qu'ailleurs tout ce qu'il y a de rude, d'élémentaire et de sain à la base de cette nature. On y touche l'homme de plus près. De plus un charme particulier d'abandon enveloppe ces souvenirs du jeune éleveur racontant son apprentissage de la vie sur les rudes terres de l'Ouest.

La littérature des pays anglo-saxons présente une catégorie d'œuvres sans équivalent dans la nôtre. C'est ce qu'on nomme la littérature du plein air. Depuis le XVIIIᵉ siècle où White, le bon pasteur de Selborne, sans sortir de son jardin et des champs d'alentour, nota candidement ses impressions en un volume dont les éditions ne se comptent plus et qui est devenu l'un des ouvrages de fond dont se nourrit l'Angleterre, jusqu'au délicieux John Burroughs qui, pour notre joie, est encore bien vivant, il y a eu toute une légion d'écrivains qui pratiquèrent un genre de notation minutieuse, fervente, émue des phénomènes, des aspects et des êtres de la nature. Ce respect et cette curiosité en présence du grand Pan est tout à fait dans le tempérament de la race, et la tendance à fixer ce sentiment en littérature l'une de ses traditions.

C'est dans le groupe de ces écrivains du plein air, parmi lesquels des auteurs aussi célèbres que Emerson ou Lowell apparaissent mêlés à d'obscurs essayistes, naturalistes ou écrivains sportifs, que Théodore Roosevelt prend place avec ses trois volumes : *Excursions de Chasse d'un Éleveur, La Vie d'Éleveur et la Piste de Chasse, Le Chasseur des Solitudes.* Il y fait très honorablement figure. Cependant il ne se prouve pas plus artiste sur ce terrain qu'il ne s'est montré à nous jusqu'ici littérateur ou orateur. Ses livres sont rédigés sans nul souci de l'effet, au fil des souvenirs. C'est exclusivement par sa simplicité et son sens réaliste aigu qu'il nous attache à lui. Grâce à ces qualités innées, il obtient souvent des effets intenses — parfois même plus intenses que ceux des professionnels — et de nature à nous faire oublier certaines de ses pages grises. Je soupçonne bien qu'ici les fervents de la tradition lui pardonneront encore moins qu'ailleurs son manque de littérature puisqu'il n'a pour objet que de décrire. Je leur dirai seulement que la beauté singulière d'œuvres semblables provient de l'absence complète de tout ornement, de leur absolue nudité. Il ne subsiste que la véracité et la vie. Pas une virgule qu'ait dictée le souci littéraire. Rien qu'un homme qui s'exprime avec son tempérament et son cœur. On est surpris de voir la parfaite candeur rejoindre quelquefois le grand art.

Bien qu'il ne soit pas un paysagiste à proprement dire, il a le sens de la nature. Il est en communion avec les solitudes qui l'entourent. Il n'est pas un contemplatif — tel un Loti cherchant surtout dans le paysage un thème à ses rêves. Il ne s'attarde pas à reconnaître dans le monde extérieur le symbole de ses émotions. La joie du mouvement, la volupté aiguë de se sentir vivre fortement le pousse toujours en avant.

Il arrête un instant son cheval pour regarder ou pour écouter, puis il passe. Ses notations sont sobres et sèches. Mais il a les mots simples et forts, les traits caractéristiques qui évoquent un coin de nature. On *sent* qu'il a vibré bien qu'il ne redise pas longuement son impression. Voici par exemple l'une de ses visions des plaines solitaires :

« Nulle part,même sur mer,l'homme n'éprouve plus fortement la sensation de l'isolement qu'en chevauchant par ces plaines aux limites lointaines, et qui semblent infinies. Quand il a passé un peu de temps sur elles ou dans leur voisinage, c'est même cette solitude, cette immensité, cette monotonie qui deviennent pour lui un charme fascinateur. Le paysage semble partout identique et le voyageur, après avoir arpenté milles sur milles, éprouve la sensation d'une distance toujours illimitée. Aussi loin que la vue peut atteindre, elle ne rencontre rien qui l'arrête. Tantôt la prairie se déroule en une plaine tout à fait de niveau, tantôt elle se soulève en ondulations douces et arrondies, dont les saillies forment les lignes de séparation entre les systèmes de cours d'eau qui drainent les différentes rivières. Quand on est arrivé au point culminant de l'une d'elles, immédiatement il en surgit une autre exactement pareille à distance, et ainsi se suivent les ondulations en une succession aussi indéfinie que les vagues d'un océan. Nulle autre part, on ne paraît aussi loin de l'espèce humaine. Les plaines s'étendent en une surface funèbre et sans bornes, et on peut les parcourir pendant des milles sans apercevoir aucune trace de vie. Bien que le regard porte très loin, tous les objets qui se trouvent sur l'extrême limite de l'horizon, alors même qu'ils pourraient se voir distinctement, prennent un air irréel, étrange, car il n'y a point d'ombre pour atténuer la crudité aveuglante de la lumière, et à une faible distance tout semble reluire et danser sous les chauds rayons du soleil. Le sol recuit a pris une couleur brun foncé, et sur sa surface monotone tout se dessine avec une netteté de contours qui permet difficilement d'évaluer les distances. A un mille d'éloignement, l'on peut apercevoir, à travers ce rideau étrangement mobile, les contours vagues et blancs de quelque objet qui se meut d'une manière incertaine. L'on croit y reconnaître la bâche en toile blanche d'un chariot des prairies, mais à mesure qu'il se rapproche, il diminue, se ratatine, prend une forme mieux définie jusqu'à ce que le cavalier reconnaisse enfin que c'est l'énorme crâne aux orbites béants de quelque bison, qui est mort depuis bien longtemps et est allé rejoindre les restes de sa race disparue. »

Et ailleurs, redisant la même impression, l'une de celles qu'il a le mieux et le plus souvent traduites, il note :

« Comme j'allais à cheval contemplant le brouillard à la pâle clarté, la vaste désolation du paysage s'appesantit sur moi, il me parut comme si les puissances invisibles et inconnues des régions désertes marchaient et mettaient en ligne leurs forces silencieuses. Nul autre homme que l'habitant des solitudes ne connaît la forte fascination mélancolique de ces longues chevauchées à travers les pays déserts. »

Dans une autre gamme de sensations, je détacherai également ce tableautin :

« Vers la fin de notre course à cheval nous parvînmes à un endroit où le sol était plus fertile et où était récemment tombée une légère pluie. Nous y rencontrâmes de merveilleuses prairies de fleurs. A une place je ne cessai d'entrevoir à travers les arbres des étendues lilas que j'avais pensé tout d'abord devoir être des étangs. En approchant je reconnus que c'étaient des acres et des acres entièrement couverts de fleurs couleur lilas. Plus loin nous vînmes à un endroit où de larges bandes de fleurs rouges recouvraient le sol sur des nombreuses centaines de mètres ; elles furent ensuite remplacées par des fleurs jaunes, ailleurs par des blanches. Généralement chaque bande ou morceau de sol était couvert d'une végétation touffue de fleurs de la même couleur faisant une grande traînée tranchant sur le paysage; mais à certains endroits elles étaient mêlées, rouges, jaunes et pourpres et s'entrelaçaient en morceaux et en bandes courbes, qui tapissaient la prairie selon un modèle étrange, éclatant. »

Pour traduire la joie exhilarante du plein air, la gaîté du feu de bois autour duquel s'asseoient les hommes fatigués, la monotonie des veilles autour des troupeaux assoupis, les sensations aiguës de l'affût, la ruse triomphante du chasseur, l'ivresse des chevauchées en plein hiver, la splendeur des nuits de printemps ou l'horreur sacrée des forêts immobiles, il a des traits ingénus plus suggestifs que ceux d'un écrivain de race, peut-être parce qu'on y éprouve tellement la foncière sincérité de l'homme qui ne rend compte que de ce qu'il a vécu et ressenti personnellement.

C'est ainsi que dans le cours d'un récit qui parfois diverge vers des particularités trop techniques ou se perd dans la monotonie, il nous fait assister au phénomène des saisons, au spectacle des terribles hivers, des tempêtes de neige et des nuits étoilées d'une intense et particulière clarté dans ces régions découvertes, de l'embrasement des couchers de soleil sur les plaines illimitées, des incendies dans la prairie, du soir qui tombe, des bestiaux couchés dans la solitude. Il nous conduit parmi l'affreux dédale des Mauvaises Terres ou bien dans les sombres forêts primitives où il est demeuré, parmi « l'immobilité spectrale », à l'écoute des « bruits étranges qu'on entend toujours dans les grands bois, bruits qui marquent la mélancolique et éternelle inquiétude des solitudes », des solitudes où l'homme inexpérimenté qui s'y égare éprouve une telle « sensation d'absolu abandon » qu'il devient fou par excès de terreur panique et qu'alors « il faut le poursuivre et le capturer comme s'il était un animal sauvage. »

S'il a bien senti la nature environnante, il a peut-être senti plus profondément encore les êtres qui s'y meuvent. Les individus de la frontière — comme on appelle les territoires intermédiaires et toujours flottants entre la civilisation et la sauvagerie — ont trouvé en lui un historien et un psychologue vraiment congénial. Il les a compris parce qu'il les a aimés violemment. Leur existence de liberté illimitée et d'héroïsme quotidien, remplie d'émotions simples et violentes, assaisonnée des souffrances et des joies que goûtent seuls les peuples primitifs, et qui développe chez les hommes une vitalité surabondante, un caractère indomptable et inlassable, une hardiesse, un sang-froid inconnus des citadins, cette existence élémentaire et farouche qui force à l'épanouissement de toutes les facultés de l'animal humain, l'a fait tressaillir de sympathie, lui inspirant maintes pages fières et fortes. « L'une des capitales attractions de la vie des solitudes, écrit-il, gît dans son âpre et robuste démocratie ; là tout homme ne compte que pour ce qu'il est réellement et que pour ce qu'il peut montrer qu'il est. » Cette vie rude et hostile est traversée par un fort courant de fraternité reliant les êtres isolés sur cette terre de sauvagerie. Il a pu observer là, dans son entière nudité, le phénomène constant de toute existence sur la planète : la vie humaine faite du rythme et du conflit de deux forces parallèlement agissantes, inextricablement entrelacées, de ces deux instincts éternels qui en forment la trame, la lutte pour l'existence et l'accord pour l'existence, forces toutes deux aussi belles, aussi fécondes, aussi justes et dont la fusion absolue et définitive coïnciderait probablement avec la ruine de l'humanité et le règne du silence sur la planète.

Ces types de la frontière se détachent en relief de ses récits, depuis le cowboy jusqu'au bandit, ou « agent des routes ». Le cowboy surtout qu'il connaît le mieux et qu'il nous montre sur son terrible poney, petit, musclé, résistant, débrouillard, le visage tanné par le grand air, ridé par les souffrances, « les yeux vifs qui regardent le monde entier bien en face et étincellent sans jamais se baisser, sous le chapeau à larges bords », ne craignant ni Dieu ni diable, dur comme l'acier, bon garçon, taciturne, hospitalier, franc, d'une absolue confiance en lui-même. Il nous dépeint son existence terriblement aventureuse, supportée sans une plainte, coupée de brefs moments de liesse et les occupations monotones ou pittoresques, toujours rudes, de l'élevage. Il nous le fait entrevoir, par exemple, lorsqu'il chevauche lentement toute une nuit autour d'un troupeau « couché », chantant et poussant des appels sauvages, pour maintenir les bêtes tranquilles et les garder des terreurs imaginaires par cette sorte d'incantation magique, ou bien, inconcevablement téméraire, lorsqu'il s'agite comme un démon pour réprimer le terrible et sinistre *stampede*, l'accès d'épouvante panique des bestiaux affolés la nuit par la foudre et les éclairs et qui se précipitent en masse compacte et furieuse aveuglément ; presque toujours à deux doigts de la mort et jamais troublé. Roosevelt a fait là pour le cowboy et sa monture, sous la forme du récit, ce qu'un puissant et original artiste de l'Ouest, Solon Borglum, a réalisé en sculpture.

Il nous montre aussi le chasseur dans sa tunique de peau, vivant comme un ours dans ses montagnes et ses forêts, « coureur infatigable des solitudes inexplorées », terré dans sa hutte enfumée, ayant souvent pris pour femme une Indienne. « Le chasseur, dit-il, est l'archétype de la liberté. Son bien-être n'est dans la main de personne, il le garde dans les siennes. » « Ils appartiennent tous à un même type, écrit-il autre part des chasseurs, ces hommes bien musclés des frontières, qui ne craignent rien et ne comptent que sur eux-mêmes, qui sont toujours attirés vers le désert par les désirs vagues qui se lisent dans leurs yeux hagard et inquiets.... Étranges, étroits, durs, méfiants, mais possédant toutes les vertus viriles d'une race jeune et dominatrice, race de puissants procréateurs, de puissants combattants, des puissants constructeurs de républiques. » Incidemment il note les traits caractéristiques de l'Indien, du *desperado*. Dans ses jugements sur les gens de la frontière en général et sur les bandits, voleurs de chevaux et tueurs d'hommes en particulier, il montre une largeur d'esprit qui dénote une connaissance de la vie jusque dans ses replis. C'est en maître psychologue qu'il analyse les phénomènes curieux que produit chez certains êtres le choc ou le mélange de la vie sauvage et de la vie civilisée. Dans les plaines de l'Extrême-Ouest, avec leurs conditions si particulières de vie, la distinction entre le bien et le mal ne peut être déterminée selon les mêmes vieux critériums en usage dans l'Est. Roosevelt est assez supérieur aux préjugés, assez persuadé que la morale subit l'influence du milieu, pour admettre qu'un assassin ou un voleur peuvent être, en dehors de certains actes, les meilleures natures du monde. Non seulement il ne les exclut pas mais il avoue hautement ses relations suivies et affectueuses avec des hommes que n'importe quel jury occidental enverrait à l'échafaud ou à la geôle, ou de qui tout au moins le moins délicat des « civilisés » se détournerait avec horreur. Il ne leur marchande pas sa confiance et sa sympathie. Il se déclare leur camarade. Il ne se reconnaît pas le droit de reprocher à un homme son passé lorsque celui-ci se démontre par la suite brave garçon, résolu, loyal, dur travaillant. Il n'y a guère que la lâcheté et l'hypocrisie qui ne se pardonnent pas dans l'Ouest. L'attitude morale courante, dans ces régions, est celle d'une large et réelle tolérance ; on y accepte certains faits simplement comme des faits, avec naturel et simplicité, sans se permettre de les juger. Ce n'est pas ici la simple inconscience, c'est l'amoralisme tel qu'il existe dans la nature. « Après tout le *desperado* moyen, dit-il, a à peu près le même étiage moral que les nobles normands au temps de la bataille d'Hastings, et, au point de vue de l'éthique et de la morale, il dépasse positivement les Vikings, qui étaient les ancêtres de ces mêmes nobles, — et auxquels, entre parenthèses, il pourrait sans aucun doute remonter pour retrouver la trace d'une partie de son sang : si le passage de la sauvagerie sans loi, qui domine l'existence dans les solitudes ou sur la frontière, à une haute civilisation, s'étendait sur une période de plusieurs siècles, lui et ses descendants s'accommoderaient sans aucun doute par degrés aux circonstances changeantes. Mais malheureusement dans l'Extrême-Ouest la transition s'effectue avec une étonnante brusquerie et à une vitesse absolument inouïe ; et la nature de bien des hommes est incapable de changer avec une rapidité suffisante pour s'harmoniser avec son entourage. En conséquence, à moins qu'il parte vers des régions encore plus sauvages, il finit par se faire pendre au lieu de fonder une famille qui révérerait son nom comme celui d'un ancêtre très capable, bien que non conventionnellement moral à tous égards. » Il faut lire à ce sujet le chapitre entier « Au pays des Cowboys », dans *Le Chasseur des Solitudes*, pour la lumière qu'il projette sur les moralités primitives et son humour très spécial. Il est émaillé d'histoires terribles ou burlesques de la vie de la frontière, d'anecdotes pittoresques et caractéristiques qui en disent plus long sur une race que les plus subtiles analyses. Nous pouvons deviner combien fortement Roosevelt a aimé cette vie à la mélancolie profonde qu'il exprime parfois en songeant à la disparition de la sauvagerie et de la liberté des plaines. Mais il en comprend parfaitement la nécessité fatale. Après que les Indiens eurent été chassés et que fut construit la grande voie ferrée septentrionale du Pacifique, les chasseurs sont accourus et ont massacré les immenses troupeaux de buffles. Puis ce fut l'arrivée des éleveurs qui à leur tour vont être délogés par les colons et les « fermiers au pas traînant ». Plus tard s'élèveront les villes et les villages.

Je me souviens qu'un critique français a reproché à l'auteur des *Excursions de Chasse d'un Éleveur* de se complaire au massacre des animaux. C'était là ne pas comprendre la nature des joies que Roosevelt recherche dans « le plus viril des sports ». Ce qu'on appelle communément la chasse n'est pour lui, selon son expression, « qu'une lugubre parodie ». Il ne l'aime que pour les dangers auxquels elle expose et le « sport » qu'elle procure, que pour la mise en œuvre qu'elle détermine de toutes les qualités et ressources de l'individu. Le but final de la chasse pour lui est beaucoup moins de donner la mort à des animaux que de contraindre le chasseur au déploiement de ses énergies. Dans notre âge elle demeure, ainsi comprise, le dernier aspect de la libre vie primitive, au temps où l'homme, pour sa subsistance et sa sûreté, devait combattre les fauves. Voilà pourquoi il aime tant parcourir les solitudes avec sa carabine, « arme de l'homme libre ». « Personne, dit-il, hormis celui-là qui y a pris part, ne peut comprendre le plaisir aigu de chasser dans les contrées désertes. Pour lui est la joie du cheval bien conduit et de la carabine bien tenue ; pour lui les longs jours de labeur et de privations, résolument endurés, et à la fin couronnés par le triomphe. A l'esprit lui reviendront à jamais, dans les ans qui suivront, le souvenir des prairies sans fin qui brillent sous le soleil éclatant ; des vastes solitudes couvertes de neige s'étendant désolées sous les cieux gris; de marais mélancoliques ; des puissantes rivières qui se précipitent ; du soupir de la forêt toujours verte en été ; des murmures à soi-même des sapins cuirassés de glace au contact des vents d'hiver ; des cataractes mugissantes entre les masses montagneuses blanchies; de tous ces innombrables spectacles et bruits des solitudes ; de son immensité et de son mystère ; et des silences qui couvent dans ses immobiles profondeurs. » Ce qu'il a surtout goûté dans ces années de jeunesse, ce sont les forts plaisirs élémentaires de la course, du sommeil après la fatigue, du manger et du boire après les privations, du feu lorsqu'on a eu froid, de la camaraderie... C'est à bon escient qu'il a pris comme épigraphe de son *Chasseur des Solitudes* ces vers de Walt Whitman — dont Roosevelt, disons-le en passant, est le fervent admirateur, ce qui le situe immédiatement au point de vue intellectuel — :

« En vain la vitesse de la sauvagerie ;
En vain l'élan s'enfonce dans les profonds défilés des bois.....
..... où les oies sauvages picorent leur nourriture à petits
[coups saccadés,
Où les ombres du coucher de soleil s'allongent sur la prairie
[illimitée,
Où des hordes de buffles forment une étendue grouillante sur
[des milles carrés, de près et de loin,
Où les loups d'hiver hurlent parmi la désolation des neiges et
[des arbres vêtus de glace.....
Le grand élan, grand comme un bœuf, réduit aux abois par les
[chasseurs, se ruant avec ses pieds de devant, les sabots
[aussi aigus que des couteaux ....
Le feu flamboyant le soir, le goût délicieux du souper, la cau-
[serie, le lit de branches de sapin, et la peau d'ours. »

La chasse a été pour un esprit aussi attentif, aussi avide et aussi sérieux que celui de Roosevelt une occasion merveilleuse d'étudier de près les vies animales. On peut dire qu'il a vraiment surpris les animaux au plus intime de leur existence et qu'il les a longuement contemplés dans leurs plus secrètes et solitaires évolutions. Et comme il décrit toujours ce qu'il a vu avec la plus scrupuleuse véracité, ses croquis sont toujours intéressants et vivants.

Pendant des années où il fut le témoin presque quotidien des tragédies et des comédies de l'existence des fauves, il a pu amasser un trésor d'observations. Il a vu les élans mâles se livrer des combats furieux, l'ours noir, de sa patte formidable, soulever les blocs de pierre pour chercher, risible et féroce, des souris et des insectes, le terrible grisly enterrant sa proie, avec quelque chose dans son attitude de drôle et de démoniaque à la fois, ou bien prenant son bain dans un étang. De ce dernier surtout il nous décrit longuement les exploits ; il nous le montre en quête de sa proie animale ou végétale, grand amateur de baies, de fruits, de saumons et de venaison, se retournant parfois terrible contre le chasseur. Il nous conte en passant les amours secrètes d'une chienne terre-neuve et d'un loup, ou la ruse des petites sarcelles pour échapper aux serres de l'aigle chauve. Il a écouté tous les bruits familiers ou mystérieux de la vie des plaines, les rumeurs et les mélodies innombrables qui, loin du tumulte des cités, se fondent en une large symphonie que seul perçoit, dans son ampleur, l'homme habitué à la solitude. Il a entendu l'éternel, le terrible appel amoureux des espaces, annonciateur des duels à mort entre les mâles, l'élan en rut, « le géant de la forêt », bramer aux femelles pendant des nuits entières et celles-ci lui répondre plaintivement, le wapiti qui, lorsqu'il emplit la solitude de rumeurs pour exprimer le tourment de son sexe, émet « l'un des plus grandioses et des plus splendides sons qui soit dans la nature ». Voici en quels termes il décrit l'appel de l'élan :

« C'est un son fort étrange et très beau. C'est bien le cri le plus mélodieux que puisse jeter un quadrupède. Quand on l'entend pour la première fois, il est presque impossible de croire que c'est un cri d'animal. Il ressemble bien plutôt au son que rendrait une harpe éoliene ou un instrument à vent inconnu. C'est une série de sons lancés d'une manière continue, d'un timbre très doux, musical, vibrant et si sonore qu'il s'entend à un demi-mille. Quand il vous arrive par une glaciale nuit de clair de lune, des profondeurs des montagnes escarpées et revêtues de forêts, il produit le plus bel effet ; car son charme est rehaussé par l'aspect sauvage et désolé du milieu. Il a la mélodie soutenue et variée de certains chants d'oiseau, mais avec une puissance centuple, cela va de soi... »

Il a noté les cris singuliers des volatiles, parmi lesquels celui-là :

« Un des sons les plus étranges, un de ceux qui, sur la prairie, ont le plus d'attrait pour moi, c'est le cri guttural que poussent les coqs de prairies au printemps. Ils commencent avant que la neige ait disparu, et dès l'aube, on entend de loin, très nettement, leurs appels graves et sonores. Quand le temps est calme, on perçoit ce cri à une distance énorme. Je ne sais comment décrire ce cri, je me demande même si, avec des mots, on peut en donner quelque idée. C'est un son creux et vibrant comme celui de certains instruments à vent, et l'on aurait peine à croire que ce son-là est bien la voix d'un oiseau. Je l'ai entendu le soir, mais le plus souvent un peu après l'aurore. Bien des fois, je me suis arrêté pour prêter l'oreille et l'écouter pendant plusieurs minutes, car il a un caractère étrange et mystérieux autant que peut l'avoir une musique naturelle. »

Mais c'est le chant de certains oiseaux qui lui a inspiré ses passages les plus délicieux ; telles « la grive ermite au chant d'une beauté sereine, éthérée, s'élevant et retombant parmi le soir immobile, sous les arceaux des forêts montagneuses et chenues, qui ont existé de toute éternité ; la grive des bois à l'harmonieux carillon d'or, résonnant à loisir pendant les après-midi de juin, stance par stance, parmi les bosquets tachetés de soleil des grands noyers, chênes et châtaigniers... » Écoutez ce que lui inspirent les accents de l'alouette des cieux auxquels il s'avoue particulièrement sensible :

« L'aube s'éclaircit rapidement ; les petites alouettes des cieux de la plaine commencèrent à chanter, planant loin au-dessus de nos têtes, alors qu'il faisait encore beaucoup trop sombre pour les apercevoir. Leur chant n'est pas puissant, mais il est si frais, si longtemps soutenu, que toujours il vous impressionne très fortement ; particulièrement parce qu'il est le plus souvent entendu dans l'air teinté de rose des matins glorieux, pendant que celui qui écoute reste assis en selle parcourant des yeux l'étendue sans limite des prairies... Cependant je ne puis pas dire si ce chant impressionne d'autres personnes comme il m'impressionne moi, car pour moi il revient à jamais chargé de centaines de souvenirs et d'associations; de la vue des collines obscures rougissant à l'aube, de l'haleine des vents frais du matin soufflant à travers les plaines solitaires, du parfum des fleurs sur la prairie ensoleillée, du mouvement des chevaux fougueux, de tout le fort tressaillement de la vie ardente et pleine d'animation. »

Et n'est-elle pas d'un émotif, d'un être profondément sensible aux harmonies de la nature, cette notation du « splendide chant d'amour » de l'oiseau moqueur, qui évoque les vers immortels de Walt Whitman :

« Une fois j'ai écouté un oiseau moqueur chantant tout le long d'une nuit de printemps, sous la pleine lune, dans un magnolia ; et je ne pense pas que j'oublierai jamais ce chant. C'était... dans la splendide, fertile région du moyen Tennessee... Je me retirai dans ma chambre vers dix heures. Le clair de lune y brillait à travers la fenêtre ouverte et l'oiseau moqueur était déjà dans le magnolia. Le grand arbre était baigné dans un flot d'argent resplendissant; je pouvais voir chaque branchette et observer chaque mouvement du chanteur, qui déversait une ivresse de mélodie résonnante telle que je n'en ai jamais entendue auparavant ni depuis. Quelquefois il perchait immobile pendant nombre de minutes, son corps tremblant et frémissant du ruissellement de la musique. Ensuite il descendait doucement de branchette en branchette jusqu'à ce qu'il eût atteint la plus basse branche d'où il s'élevait trémoussant des ailes et sautant parmi les branches, sans cesser pas un seul instant de chanter; une fois qu'il eut gagné le sommet de l'arbre il s'élança dans l'air chaud et chargé de senteurs, flottant en spirale les ailes étendues; puis, comme s'il [illegible] doucement [illegible] branches, tandis que [illegible] une extase d'ardeur et de passion. [illegible] comme une clarinette en tons riches [illegible] son exécution couvrait la plus large étendue [illegible] thèmes après thèmes se suivaient, un torrent [illegible] un flot gonflé d'harmonie, dans lequel [illegible] deux mesures quelconques étaient semblables [illegible] jusqu'à minuit à l'écouter ; il chantait [illegible] m'endormis ; il chantait encore quand je me [illegible] deux heures plus tard ; il chanta pendant l'en[illegible] durée de la nuit. »

[illegible] ce chapitre des existences animales, il [illegible] impossible d'extraire des trois volumes de Bo[illegible] toutes les pages remarquables par l'acuité de la [illegible] et le caractère vivant du rendu. Il s'[illegible] vraiment en communion avec tout ce [illegible] la nature. Sa compréhension est toujours [illegible] de l'animal. N'est-elle pas vraiment [illegible] cette remarque sur le mouton [illegible] impossible de vivre avec les moutons [illegible] de soi-même. Au point de vue [illegible] le mouton est au niveau le plus bas de sa nature [illegible] l'admiration des Chrétiens primitifs pour [illegible] soit à l'état d'agneau, soit adulte, est toujours [illegible] bon éleveur de gros bétail, un profond [illegible]

[illegible] d'observation rigoureuse dont [illegible] ne [illegible] pas un seul instant, assure [illegible] valeur [illegible] de ces souvenirs au récit [illegible] et le chasseur. Récemment John B[illegible] Roosevelt, adore les œuvres [illegible] où collaborent le poète et l'observ[illegible] surtout le véritable [illegible] de déclarer que les livres de [illegible] un intérêt de tout premier ordre [illegible] c'est là un témoignage [illegible] la nature et qui [illegible]

sion ressentie par le lecteur ordinaire qu'avec un tel narrateur il n'y a pas à craindre l'amplification ou la falsification de la vérité en vue de rendre la nature plus « poétique » ou plus « pittoresque ». Je trouve précisément dans l'un de ses biographes une indication qui doit prendre place ici : « En devenant un chef populaire, écrit M. Leupp, Roosevelt a indubitablement sacrifié l'excellent naturaliste qui était en lui. Les plus visibles ornements de sa chambre au collège étaient des peaux et des animaux empaillés. Il montait lui-même ses oiseaux. On voyait toujours dans son cabinet de travail des insectes et des reptiles vivants ; ses camarades racontent une histoire amusante de homards qu'il emportait dans son appartement à Cambridge pour les disséquer et qu'il laissa échapper accidentellement sur le plancher d'un omnibus de Boston ; et d'autres locataires de la maison qu'il occupait furent mis un jour en émoi en rencontrant dans un corridor du haut une énorme tortue qu'un ami lui avait envoyée des mers du Sud et qui s'était évadée d'un cabinet à habits se dirigeant vers la salle de bains en quête d'eau. Sa composition quand il prit ses grades était un essai sur l'histoire naturelle. »

⁂

Telle est donc l'œuvre, rapidement entrevue, d'un écrivain qui n'en est pas un. Pour beaucoup, pour la plupart sans doute de nos compatriotes, je soupçonne bien qu'elle représente quelque chose d'ennuyeux, de plat, de prosaïque, qu'elle manque de goût et d'envolée. Pour certains dont j'avoue être, ces pages d'intégrale simplicité, délicieusement vierges de toute prétention à la « Beauté », renferment de pures jouissances. Je reconnais que pour les savourer, il faut un palais que les épices n'ont pas complètement perverti, encore sensible aux sensations normales...

Ceci nous suggère une remarque par quoi se peut

conclure un examen des livres de Théodore Roosevelt.

Le tempérament est l'âme de toute littérature, que l'auteur soit écrivain ou débardeur. Ainsi nous reconnaissons chez Roosevelt qu'un récit sans art parvient à l'art par l'acuité de sensation, l'énergie interne, la sincérité d'accent qu'il trahit. On sent chez lui une force intérieure qui s'exprime par des moyens adéquats à son principe. Il y aurait une étude bien suggestive à tenter sur les chefs-d'œuvre dus à des non-littérateurs. Cette beauté extra-littéraire se découvre parfois dans les écrits des hommes de science, dans les expressions des gens du peuple, dans les lettres ou les réflexions des peintres, etc... C'est de la littérature en deçà ou au delà, suivant le point de vue qu'on adopte : c'est comme le jaillissement direct et cru d'une conscience, d'une sensibilité, d'une intelligence d'homme ignorant de l'art d'écrire.

C'est dans ce sens qu'il faudrait arriver peu à peu à modifier nos conceptions vieillottes de la « beauté » et de la « poésie », à corriger des formules insuffisantes : ce qui n'implique en rien le mépris de la littérature.

Tout dépourvus d'art, tout nus et gauches qu'apparaissent les livres de Roosevelt à notre goût exigeant et raffiné, personne ne niera qu'ils ne nous offrent la beauté — cette suprême beauté ! — de *voir vivre* un homme débordant de vitalité, un représentant d'une race forte et fière, se mouvant dans une atmosphère de liberté et d'héroïsme.

NOTE BIBLIOGRAPHIQUE

Les principaux ouvrages de Th. Roosevelt :

1882. *Naval War of 1812* (La Guerre navale de 1812).
1885. *Hunting Trips of a Ranchman* (Excursions de Chasse d'un Eleveur).
1888. *Ranch Life and the Hunting Trail* (La Vie d'Eleveur et la Piste de Chasse).
1891. *New-York.*
1893. *The Wilderness Hunter* (Le Chasseur des Solitudes).
1889-94-96. *The Winning of the West* (La Conquête de l'Ouest).
1897. *American Ideals and other Essays* (Les Idéals Américains et autres Essays).
1898. *Administration. Civil-Service* (Administration. Service civil).
1899. *The Rough Riders* (Les « Dresseurs de Chevaux »).
1900. *Oliver Cromwell* (Olivier Cromwell).
1902. *The Strenuous Life and other Addresses* (La Vie Energique et autres Discours).

Traductions françaises :

1902. *La Vie Intense* (The Strenuous Life and other Addresses), traduit par de Faucigny-Lucinge et Jean Izoulet. E. Flammarion, édit.

1903. *La Vie au Rancho* (Ranch Life and the Hunting Trail), traduit par Albert Savine. Dujarric et Cie, édit.

1904. *Chasses et Parties de Chasse* (Hunting Trips of a Ranchman), traduit par Albert Savine. Dujarric et Cie, édit.

1904. *New-York*, traduit par Albert Savine. Félix Juven, édit.

1904. *L'Idéal Américain* (American Ideals and other Essays), traduit par A. et E. de Rousiers. Armand Colin, édit.

Mayenne, Imp. Ch. Colin.

www.ingramcontent.com/pod-product-compliance
Ingram Content Group UK Ltd.
Pitfield, Milton Keynes, MK11 3LW, UK
UKHW020953220726
13924UKWH00002B/675